Le cerveau, complexe et fascinant

ALBIN MICHEL JEUNESSE

POUR LES 8-12 ANS

L'Encyclopédie pratique des Petits Débrouillards

- **Volume 1.** À la découverte de l'eau
- **Volume 2.** L'invisible
- **Volume 3.** Vivre de mille manières
- **Volume 4.** Les secrets de l'air
- **Volume 5.** Planète Terre
- **Volume 6.** Le monde des extrêmes
- **Volume 7.** Des machines pour explorer le monde
- **Volume 8.** L'infiniment petit
- **Volume 9.** L'Univers, la Terre et les humains
- **Volume 10.** Qui sommes-nous ?

Sciences en poche

- **Les transformations de l'eau**
- **Les nuages et la pluie**
- **Le goût et l'odorat**
- **Le cœur de la Terre**
- **Les mystères de la vision**
- **Les surprises du toucher**
- **Les origines de la vie**
- **Le puzzle des continents**
- **Terre, planète de vie**
- **Étonnantes mesures**
- **Comment vivaient les hommes préhistoriques**
- **Les astuces de la chimie**
- **La vie dans l'eau**
- **Les saisons et les climats**
- **Des engins pour aller partout**
- **Sur les traces des humains**

Hors série

- **Le Soleil et ses éclipses**
- **L'eau, un bien à protéger**
- **L'électricité, une énergie à maîtriser**
- **La mer, des richesses à respecter**
- **Les étoiles, un monde encore secret**
- **Le corps humain, un étonnant système**
- **Les volcans, une puissance incontrôlable**
- **Le cerveau, complexe et fascinant**

POUR LES 5-7 ANS

Les 5/7 ans, une série de livres complices à partager avec les plus petits :

- **Le goût et la cuisine**
- **La vue et les couleurs**
- **L'ouïe et la musique**
- **Le toucher et le corps**
- **L'odorat et la nature**
- **La nuit et le sommeil**
- **La rue et la prudence**
- **La campagne et l'aventure**
- **La maison et ses secrets**

Rédaction : Angéline Aubert-Lotarski, Pascal Desjours

Relecture : l'Association française des Petits Débrouillards

Illustrations : Manu Boisteau, Thérèse Bonté, Thomas Dityvon, Nicolas Hubesch

N° d'édition 12 103 – ISBN 2 226 11 788 1 – L'appellation *Les Petits Débrouillards* est une marque déposée – Imprimé en France par Pollina – L88412

Le cerveau, complexe et fascinant

1. Qu'est ce qui picote ? .... **p. 6**

2. Test d'intelligences .... **p. 10**

3. Combien de cases dans ma mémoire ? ...... **p. 14**

4. La mémoire au tableau .... **p. 18**

5. Tout passe par le cerveau .... **p. 22**

6. Le prix de la baguette sur Mars........ **p. 26**

7. Les ingrédients mystères .... **p. 30**

8. Voyage autour du monde........ **p. 34**

9. Où est la fuite ?........ **p. 38**

10. Un ou deux nez ? .... **p. 42**

11. Lourd ou léger ? .... **p. 46**

12. Pour faire un bon chocolat au lait........ **p. 50**

13. Une médiathèque dans la tête .... **p. 54**

14. Si les objets n'avaient pas de nom... .... **p. 58**

15. Les rats sont timbrés .... **p. 62**

Les Petits Débrouillards

Les expériences que tu vas découvrir dans ce livre ont été rédigées et testées par l'association des Petits Débrouillards. Dans toutes les régions de France, cette association propose aux jeunes des animations pour découvrir les sciences en s'amusant. Et il existe même des Petits Débrouillards dans de nombreux autres pays.

En rejoignant les Petits Débrouillards de ta région, tu pourras choisir de nombreux thèmes à explorer : l'espace, la chimie, la météorologie, l'environnement, la ville, le corps humain, et bien d'autres encore. Dans des clubs, des ateliers, des centres de vacances, des classes de découverte, tu réaliseras encore plus d'expériences et tu pourras même préparer des maquettes, des machines, des jouets que tu seras invité à présenter dans des expositions !

L'Association nationale des Petits Débrouillards, c'est :
Plus de 100 clubs locaux, 50 centres de vacances et classes de découverte, plus de 2 000 ateliers dans les écoles, les centres de loisirs et les « bas d'immeuble ».

Elle est soutenue par : le ministère de l'Éducation nationale, de la Recherche et de la Technologie, le ministère de la Jeunesse et des Sports, la délégation interministérielle à la Ville, l'Académie des sciences, le ministère de la Culture.

Fais connaissance avec les Petits Débrouillards de ta région en t'adressant à :

Les Petits Débrouillards, La Halle aux cuirs, 2 rue de la Clôture,
75 930 Paris CEDEX 19
sur Internet : anpd@infonie. fr
sur son site web : http ://www.lespetitsdebrouillards.org

Le Cerveau, complexe et fascinant

Il existe des cours de mathématiques, de langues, de gymnastique, de dessin... Dans ces différentes matières on nous propose d'observer, de découvrir, d'étudier et d'expliquer. Cependant il n'existe pas de cours pour apprendre à apprendre ni pour apprendre à comprendre. Un tel apprentissage est-il impossible ? « Impossible n'est pas Petits Débrouillards ! » Les expériences de ce livre te permettront de découvrir les principes de l'apprentissage et de la compréhension. Tout se passe dans le cerveau, avec l'aide des cinq sens bien entendu ! Apprendre c'est acquérir de nouvelles connaissances. Pour cela on se sert principalement de nos yeux et nos oreilles mais les autres sens sont utiles. Pour conserver ces connaissances on a besoin de la mémoire. Sans mémoire on oublierait tout au fur et à mesure des découvertes. Apprentissage et mémoire sont donc très liés et seront mis à l'épreuve dans les 15 expériences qui vont suivre. Amuse-toi bien !

Qu'est-ce qui picote ?

Comment circule l'information qui nous fait savoir que « le petit doigt de pied nous démange » ?

1. Le matériel

• 1 morceau de fil électrique sans sa gaine plastique
• 1 attache-trombone dépliée
• 1 citron frais

2. La manipulation

1. Pose au bout de ta langue les extrémités du fil électrique et de l'attache-trombone.

2. Fais se rejoindre les deux fils.

Sens-tu quelque chose sur ta langue ?

3. Recommence, mais cette fois, au lieu de rejoindre les fils, plante-les dans l'écorce d'un citron, assez proches l'un de l'autre.

Sens-tu à nouveau quelque chose ?

3. L'explication

La première fois, on sent des picotements sur la langue. Avec le citron, les picotements sont moins forts. Ce que tu sens, ce sont des minuscules charges électriques qui se déplacent dans le circuit formé par les deux métaux, ta langue et la salive qui la recouvre, et le citron dans la deuxième expérience. La langue et le citron conduisent moins bien l'électricité que les fils.

Tous les deux produisent pourtant de l'électricité dans leurs cellules, grâce à la présence de sels minéraux comme le sodium (le sel de cuisine est un sel de sodium). Quand l'extrémité d'un nerf est excitée, de nombreux atomes électrisés (des ions) de sodium contenus dans le corps, viennent autour du nerf. Cela provoque un mouvement de charges électriques qui se propage jusqu'à l'autre extrémité du nerf, le neurone.

4. L'application

Une cellule est en quelque sorte la brique microscopique de tout ce qui compose ton corps. Chacun de tes organes est un ensemble de cellules spécifiques : les cellules de la peau ne ressemblent pas à celles de l'estomac, ou encore à celles du cerveau. Pourtant chaque cellule contient plus ou moins les mêmes choses. C'est sa forme et le rôle qu'elle joue qui la rend différente des autres.
Les neurones sont les cellules du cerveau qui reçoivent par les nerfs les informations provenant de tout le corps et qui permettent de reconnaître les sensations qui excitent le nerf (de la lumière, un son, une odeur, un goût, une piqûre, par exemple). Le neurone renvoie d'autres informations. Celles-ci peuvent être envoyées partout dans le corps, par exemple pour dire aux yeux de suivre les lettres de ce texte, ou vers un autre neurone.

Test d'intelligences

Qu'est ce que l'intelligence ?
Existe-t-il une seule façon d'être intelligent ?

1. Le matériel

- 1 crayon

2. La manipulation

Parmi ces activités, coche celles que tu préfères ou que tu réussis le mieux (pas plus de 9). Fais passer ensuite ce test à tes amis ou à ta famille.

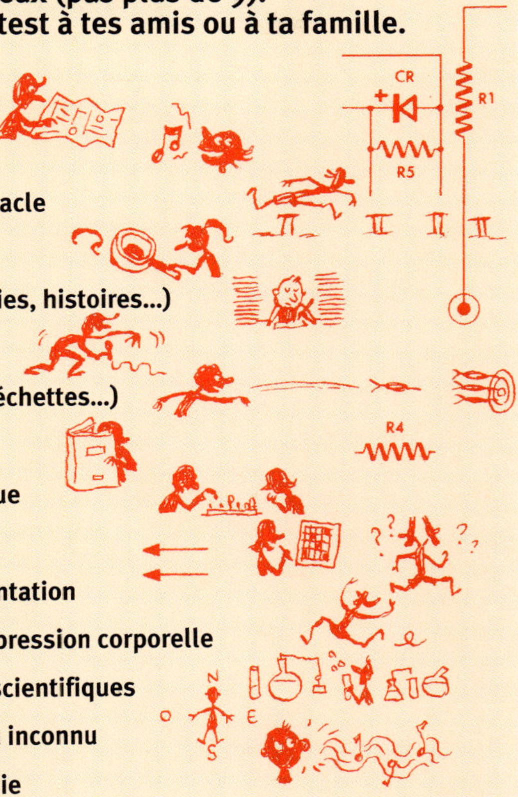

● Lire une carte

★ Chanter juste

■ Faire une course d'obstacle

✚ Résoudre des énigmes

▲ Écrire des textes (poésies, histoires...)

★ Chanter en rythme

■ Tirer dans une cible (fléchettes...)

▲ Lire

✚ Faire des jeux de logique

▲ Faire des mots croisés

● Faire une course d'orientation

■ Danser ou faire de l'expression corporelle

✚ Faire des expériences scientifiques

● Se repérer dans un lieu inconnu

★ Reconnaître une mélodie

Compte les scores de chacun dans les différentes catégories :

★............●............✚............■............▲............

3. L'explication

Dans ce test, le nombre total de croix n'est pas important. On n'est pas plus intelligent lorsqu'on coche 15 cases que lorsqu'on en coche 5.
Le mot « intelligence » vient d'un mot latin qui signifiait comprendre. Ici chaque symbole représente une manière d'être intelligent. Ce jeu permet de se rendre compte de quelques manières utilisées par les joueurs pour comprendre le monde qui les entoure :

★ L'intelligence musicale concerne la musique mais aussi le rythme ou les sons.
● L'intelligence spatiale concerne l'orientation dans l'espace.
✚ L'intelligence logico-mathématique concerne la logique et les mathématiques.
■ L'intelligence corporelle concerne l'utilisation du corps pour la coordination des mouvements ou l'expression.
✻ L'intelligence langagière concerne le langage à l'oral ou à l'écrit.

4. L'application

Les chercheurs pensent aujourd'hui qu'il existe de nombreuses façons d'être intelligent. On n'est pas plus intelligent si l'on est fort en maths que si l'on est fort en langue. Et on peut même affirmer qu'il existe plusieurs types d'intelligences...

Combien de cases dans ma mémoire ?

Quelle est la taille de la mémoire ?
A-t-on une ou plusieurs mémoires ?

1. Le matériel

- du papier
- 1 crayon

2. La manipulation

1. Lis attentivement la liste de mots ci-dessous, puis cache-la et écris sur le papier tous les mots dont tu te souviens.

lunettes, ballon, canard, niche, chaise, biberon, camion, sucre, affiche, pain, cigare, horloge

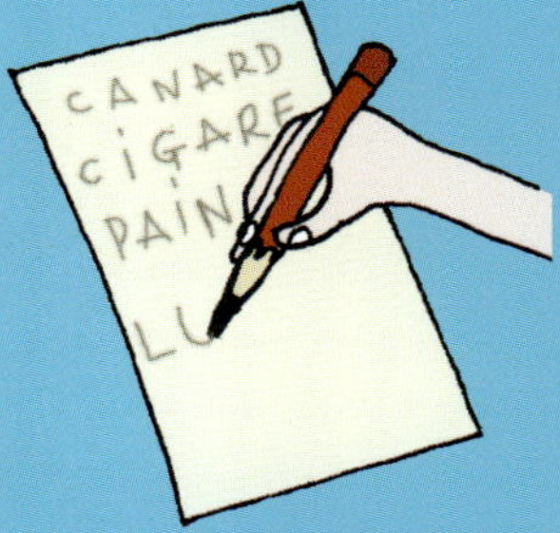

2. Fais faire ce test à d'autres personnes, et compare les résultats obtenus.

3. L'explication

Il est rare de rencontrer quelqu'un qui se souvient de la liste entière du premier coup.

Les chercheurs ont constaté que dans un test rapide comme celui-ci, on retient en moyenne 7 mots sur une liste de plus de 7 mots. Ces mots sont généralement les premiers et les derniers de la liste (pour le vérifier on peut recommencer l'expérience en changeant l'ordre de présentation ou en prenant de nouveaux mots).

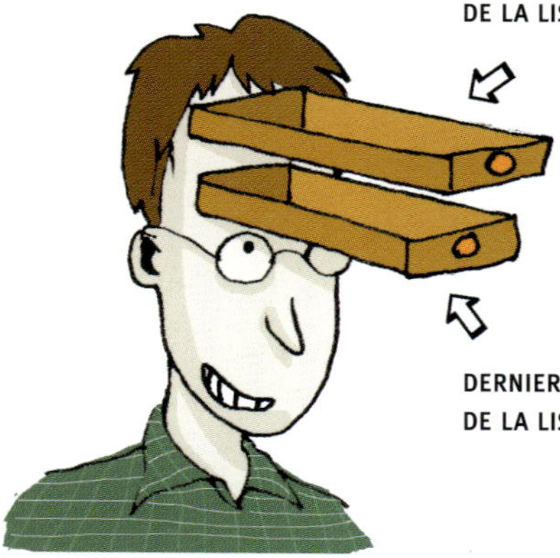

4. L'application

On peut imaginer un immeuble immense avec de très nombreux bureaux et un minuscule hall d'entrée qui ne peut contenir que 7 personnes à la fois. Des employés les accueillent et en fonction de leurs demandes les dirigent vers l'étage ou le service qui leur convient. Il peut alors y avoir de nouveaux visiteurs.
Notre mémoire fonctionne un peu ainsi. Le hall d'entrée est la mémoire immédiate. Ses capacités de mémorisation seraient limitées à 7 éléments indépendants. Cependant, une fois que les informations nouvelles ont été analysées, elles sont classées dans diverses zones du cerveau où elles demeureront longtemps. C'est ce qu'on appelle la mémoire à long terme. Pour que les souvenirs puissent passer de la mémoire immédiate à la mémoire à long terme il faut qu'une partie du cerveau, l'hippocampe, soit actif. Il permet de fixer et d'enregistrer les informations.

La mémoire au tableau

Existe-t-il des techniques
pour mémoriser plus facilement ?

1. Le matériel

- du papier
- 1 crayon

2. La manipulation

1. Lis une fois ce tableau, cache-le puis reproduis-le sur le papier.

2. As-tu réussi ? Comment t'y es-tu pris pour le mémoriser ?

3. Tente de reproduire le tableau 5 minutes plus tard (sans l'avoir regardé à nouveau).

4. Fais faire ce test à tes amis et compare vos résultats.

3. L'explication

Sans utiliser de truc, on ne se souvient pas des 9 chiffres du tableau. Au bout de 5 minutes, les chiffres ont pratiquement tous disparu de la mémoire.

Il est difficile de se souvenir de plus de 7 éléments séparés, pourtant il est possible de mémoriser facilement ce tableau si on lit les chiffres sans tenir compte des cases. Ainsi il n'y a plus que trois éléments à retenir : 547, 792 et 168.

Que s'est-il passé au bout de 5 minutes ? Lorsqu'on lit le tableau, les informations sont stockées dans notre mémoire immédiate. Si on ne relit pas ou si l'on ne se répète pas les informations, elles seront oubliées au bout de 20 secondes pour faire place à de nouvelles.

4. L'application

Deux principes pour mieux retenir :

1 ASSOCIER POUR RETENIR .
Il est plus facile de mémoriser des informations classées et regroupées que des éléments isolés et sans lien. Ainsi, une phrase est plus facile à mémoriser qu'une suite de mots.

2 RÉACTIVER POUR MÉMORISER.
Des études scientifiques ont montré que ce n'est pas le nombre des répétitions qui compte mais leur répartition dans le temps. Il est donc bon de relire et de se répéter ce dont on veut se souvenir à différents moments pour réactiver la mémoire, c'est-à-dire, se remettre « les choses en tête ». Les bons moments sont le soir même, le jour suivant puis une semaine plus tard.

Tout passe par le cerveau

Est-il possible de faire plusieurs choses à la fois : lire et chanter, écrire et danser... ?

1. Le matériel

- 1 feuille de papier
- 1 crayon

2. La manipulation

1. Pose la feuille sur une table et prends le crayon dans ta main.

2. Installe-toi debout devant la table et fais des ronds dans l'air avec une de tes jambes.

3. Essaye d'écrire ton prénom sur la feuille. Que se passe-t-il ?

4. Effectue les mouvements de jambe dans l'autre sens et écris à nouveau ton prénom.

Observes-tu des changements ?

3. L'explication

Si on fait les « ronds de jambe » il est impossible d'écrire car le bras fait également des mouvements circulaires. Quand on change de sens pour la jambe le bras fait de même. C'est le cerveau qui commande ces deux mouvements. Normalement notre cerveau nous permet de faire plusieurs choses à la fois, comme regarder, écouter et manger par exemple. Cependant il peut arriver que certaines actions soient incompatibles. C'est le cas lorsqu'on fait en même temps des actions inhabituelles comme dans cette expérience. Il peut se passer la même chose si les activités demandent beaucoup de concentration.

4. L'application

Il est parfois difficile de se concentrer sur plusieurs choses en même temps. Par exemple, certaines personnes n'arrivent pas à lire en écoutant la radio. En effet les paroles des chansons peuvent se mélanger avec les mots écrits : le cerveau doit alors fournir un effort supplémentaire pour distinguer les deux messages. Il est facile de remarquer que faire ses devoirs en regardant la télévision est risqué. On peut oublier son travail pour suivre le film (l'inverse est moins courant !) ou bien faire les deux à moitié. En revanche, pour d'autres la musique est une aide pour se concentrer sur la lecture. En observant son propre fonctionnement on peut devenir plus efficace.

Le prix de la baguette sur Mars

Comment résoudre simplement
un problème interplanétaire et mathématique ?

1. Le matériel

- *1 feuille*
- *1 crayon*
- *1 machine à calculer*

4. L'application

1. On avait conseillé à un martien les baguettes de pain vénusiennes. Gourmand mais également économe, il décida de calculer le prix d'une baguette de pain sur Vénus sachant que :
La monnaie martienne est le **wurtz**, la monnaie vénusienne le **Véniok**. La monnaie lunienne est le **Kawates**, la monnaie saturnienne est le **tékor**, la monnaie platonnienne est le **Palation.**

1 wurtz = 100 tékors

1 kawatès = 2,3 francs

1 tékor = 6 Kawatès

1 tékor = 13,8 francs

5 Véniok = 100 tékors

1 palation = 36 Kawatès.

1 palation = 82,8 francs

Sur Neptune, on ne mange pas de pain mais des croissants.
Sur Mars une baguette de pain coûte 1 Wurtz, sur Vénus elle coûte 5 Vénioks.

Quelle est la baguette la plus chère ?

3. L'explication

Une baguette de pain coûte autant sur Vénus que sur Mars (si on ne compte pas le prix du voyage !)

En lisant le problème, on est tenté de faire beaucoup d'opérations, alors que seules deux informations peuvent permettre de le résoudre.
Si on élimine toutes les lignes qui ne contiennent ni « Wurtz » ni « Véniok » , il reste alors :
« 1 wurtz martien = 100 tékors saturniens »
et « 5 Véniok vénusiens = 100 tékors ».
On peut alors conclure que 1 wurtz (le prix de la baguette sur Mars) vaut 5 vénioks (le prix de la baguette sur Vénus).
Par conséquent, la baguette de pain ne coûte pas plus cher sur Vénus que sur Mars.

4. L'application

On se demande souvent comment arriver à résoudre simplement et rapidement ce type de problème mathématique. Cela semble difficile car on donne de nombreuses informations qui peuvent entraîner des calculs interminables et inutiles.

Il y a cinq étapes :

- **se demander ce que l'on cherche (quelle est la question ?)**
- **faire le tri entre les informations utiles et celles qui sont inutiles pour répondre à la question**
- **chercher les points communs entre les informations sélectionnées**
- **effectuer les calculs nécessaires**
- **vérifier que la réponse correspond à la question.**

Chaque fois que l'on cherche à résoudre un problème, l'étape du tri des informations permet de gagner du temps et de ne pas se perdre dans des détails inutiles.

Les ingrédients mystères

Comment résoudre scientifiquement un problème chimique ?

1. Le matériel

- 1 grand bocal transparent
- 1 verre
- de l'eau, de l'huile du vinaigre blanc

- du sel fin
- du colorant alimentaire (ou un peu de sirop)

- du bicarbonate de soude (ou plusieurs sachets de levure chimique)

2. La manipulation

1. Verse dans le bocal un verre d'eau, un demi-verre de vinaigre blanc, 3 cuillerées à soupe de sel fin et quelques gouttes de colorant alimentaire. Mélange bien.

2. Ajoute délicatement un demi-verre d'huile qui va former une couche.

3. Saupoudre le tout de bicarbonate de soude et admire ce qu'il se passe.

Tous les ingrédients de ce mélange ne sont pas indispensables pour obtenir le résultat final.

Comment faire pour trouver facilement ceux que l'on peut éliminer ?

3. L'explication

La réaction que l'on peut observer est une réaction chimique. En se mélangeant, certains produits provoquent des phénomènes tels qu'un changement de couleur ou la formation de bulles. Pour trouver rapidement et facilement les ingrédients inutiles, on peut construire puis remplir le tableau suivant :

	eau	vinaigre	sel	colorant	huile	bicarbonate
ÉTAPE 1 : COULEUR	...	...	...	...	...	...
ÉTAPE 2 : COUCHE D'HUILE	...	...	...	...	...	...
ÉTAPE 3 : BULLES	...	...	...	...	...	...
CONCLUSIONS : UTILE/INUTILE	...	...	...	...	...	...

À chaque étape, on inscrit en face des éléments s'ils sont utiles ou non pour produire la réaction chimique observée. Il est parfois nécessaire de faire des expériences intermédiaires pour le savoir. Par exemple, pour tester si l'eau est indispensable pour former une couche d'huile, il faut refaire l'expérience sans eau. Si la couche d'huile persiste au-dessus du mélange c'est que l'eau était inutile à cette étape. Par contre si l'huile se mélange au reste on peut dire que l'eau est un ingrédient utile. Lorsque le tableau est complété pour chaque étape, il est possible de trouver les ingrédients mystères : il s'agit des produits notés « inutiles » aux trois étapes.

4. L'application

**Procédons par ordre et avec logique !
On peut ainsi trouver et surtout prouver que le sel et l'eau sont inutiles dans cette expérience. En effet si on reproduit l'expérience sans eux on obtient exactement le même résultat. L'utilisation d'un plan d'expérience où l'on teste les produits un à un est indispensable lorsqu'on veut travailler scientifiquement.**

Voyage autour du monde

Est-il vrai que plus on en sait mieux on retient ?

1. Le matériel

- 2 feuilles de papier
- 2 crayons

2. La manipulation

Le jeu se fait à trois

1. Au premier ami, lis, en cachette de l'autre, deux fois cette liste de pays :
France, Ouganda, Canada, Italie, Suisse, Mexique, Algérie, Inde, Brésil, Pays-Bas, États-Unis.

2. Toujours en cachette, raconte au second une histoire de tour du monde dans tous ces pays. Pour chaque pays tu peux raconter une anecdote avec par exemple, la tour Eiffel en France, les animaux sauvages en Ouganda, le sirop d'érable au Canada, la tour de Pise en Italie, le chocolat Suisse, le sombrero mexicain, le désert algérien, les montagnes indiennes, la forêt brésilienne, les tulipes des Pays-Bas, Hollywood aux États-Unis. Invente de nombreux détails et péripéties.

3. Demande-leur chacun de noter sur une feuille tous les pays dont ils se souviennent. Qui en a noté le plus ?

3. L'explication

Le premier ami devait retenir seulement 11 informations : les noms de pays de la liste. Le second a reçu un grand nombre d'informations parmi lesquelles les 11 noms de pays. Pourtant en général c'est lui qui va se souvenir du plus grand nombre de pays.

En effet, une histoire est plus agréable à écouter : donc on est plus attentif et on mémorise mieux. D'autre part, quand les informations à retenir sont intégrées à un récit elles prennent du sens. Dans la liste le mot Canada ne veut rien dire de spécial alors que dans l'histoire il s'agit d'un pays précis où se sont déroulés des événements. Plus l'information comporte de détails, plus le cerveau est en mesure de l'associer à d'autres informations, déjà présentes dans la mémoire, et donc de la retenir.

4. L'application

Bien sûr la mémoire dépend des quantités d'informations à retenir. Cependant la qualité est plus importante que la quantité. C'est pourquoi il est plus facile de se souvenir d'une histoire que d'une liste de mots. Ce qui est vrai pour une histoire et une liste de mots l'est pour une leçon. Il est plus facile d'apprendre si on sait de quoi ça parle, pourquoi on nous en parle, ce que cela signifie.

Où est la fuite ?

La vue est-elle indispensable ?

1. Le matériel

- *1 ballon de baudruche*
- *1 aiguille*
- *1 foulard*

2. La manipulation

La manipulation se fait à deux

1. Bande les yeux de ton copain.

2. Avec l'aiguille perce délicatement un trou dans le ballon dégonflé.

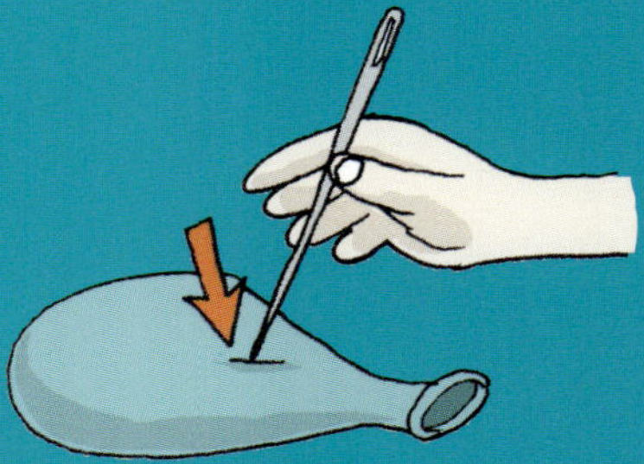

3. Gonfle le ballon et fais un nœud pour le fermer.

4. Demande à ton copain de trouver l'emplacement du trou avec les yeux bandés.

Est-ce facile ou difficile ? Comment s'y prend-il ?

3. L'explication

Quand on perce le ballon il se dégonfle car un petit jet d'air sort par le trou. Pour trouver ce trou avec les yeux bandés, on peut se servir de deux de nos cinq sens :
l'ouïe et le toucher.

En effet en étant attentif il est possible d'entendre le bruit fait par l'air qui sort. Mais la solution la plus simple est de se servir de sa peau. Si on promène le ballon sur son visage on peut sentir l'air qui s'échappe et donc repérer l'origine de la fuite. Les yeux ne seraient dans ce cas pas beaucoup plus efficaces à moins d'une astuce. Par exemple, si l'on plonge le ballon dans une bassine d'eau, des bulles d'air se forment à l'endroit où le ballon est percé.

4. L'application

Quand on veut comprendre un phénomène ou résoudre un problème, notre première réaction est souvent d'utiliser la vue. On essaye de bien regarder ce qui se passe. Il ne faut pas oublier que nous avons cinq sens et qu'ils sont tous utiles pour comprendre le monde qui nous entoure. Ils sont complémentaires. Ceci facilite la compréhension mais aussi la mémorisation. C'est très utile par exemple pour apprendre une carte de géographie : il sera plus facile de la retenir si on se la décrit à voix haute en même temps qu'on l'observe. On a alors deux sources d'information qui se complètent : le son et l'image.

Un ou deux nez ?

Le cerveau a-t-il de mauvaises habitudes qui peuvent nous induire en erreur ?

1. Le matériel

- 1 foulard
- 2 billes

1. La manipulation

La manipulation se fait à deux

1. Bande les yeux de ton copain. Demande-lui de croiser le majeur et l'annulaire d'une main comme sur le dessin.

2. Annonce-lui la règle du jeu : « Je vais poser devant toi une ou deux billes. Tu vas les toucher avec tes doigts croisés pour deviner combien il y en a. »

3. Pose une bille devant lui et guide sa main.
Quelle est sa réponse ?

4. Demande-lui ensuite « Et maintenant combien y en a-t-il ? » en lui faisant toucher le bout de ton nez.

Quelle est sa réaction ? Enlève-lui le foulard.

2. L'explication

Majeur et annulaire croisés, on a la sensation de toucher deux objets qu'il s'agisse de la bille ou du nez. On ressent la même chose quand on le fait sur soi. Pour compter des objets, notre cerveau se sert des informations que lui transmettent les sens. Ici il s'est basé sur les sensations des doigts. Sur le dessin on peut voir quelles parties de la main ont touché la bille. Si les doigts étaient décroisés on peut voir que deux billes auraient été nécessaires pour toucher la main aux mêmes endroits. Le cerveau est habitué à décoder des informations tactiles prises les doigts décroisés. C'est pour cela qu'il a fait cette erreur et que l'on croit sentir deux billes... ou deux bouts de nez !

3. L'application

On dit parfois que nos sens nous trompent. Ce n'est pas tout à fait vrai. Le cerveau reçoit des informations codées de tous nos sens : la vue, l'ouïe, l'odorat, le goût et le toucher. Son rôle est de traduire ce que ces informations signifient afin que l'on puisse réagir si besoin est. Pour cela le cerveau se sert de ses expériences passées. C'est pour cela que dans une situation inhabituelle ce ne sont pas nos sens qui nous trompent mais notre cerveau qui se trompe. Dans chaque situation nouvelle on a tendance à réagir en fonction de nos « vieilles habitudes » mais ce ne sont pas forcément les plus adaptées. Notre cerveau peut donc se tromper sur les informations que lui transmettent les sens. Cela est également valable pour les connaissances que l'on nous apporte : tant que l'on ne sait pas que l'air est de la matière, il est difficile de comprendre comment un avion ou un oiseau peuvent voler.

Lourd ou léger ?

Peut-on influencer nos sensations et nos apprentissages ?

1. Le matériel

- 2 boîtes à chaussures vides de mêmes dimensions
- du ruban adhésif
- plusieurs paires d'objets identiques (2 crayons, 2 balles, 2 livres...)

2. La manipulation

La manipulation se fait à deux

1. En cachette de ton ami, remplis chacune des boîtes avec les mêmes objets. Attention chaque boîte doit avoir un contenu identique.

2. Ferme les boîtes avec le ruban adhésif.

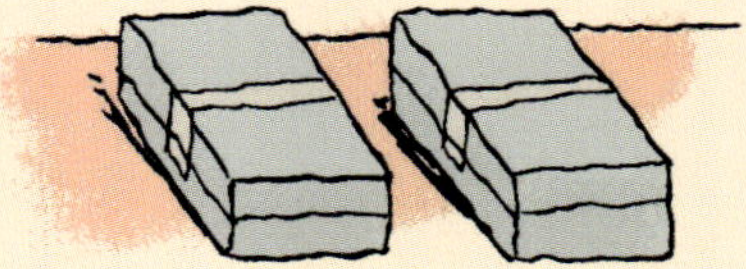

3. Passe la première boîte à ton ami en lui annonçant qu'elle est légère. Demande-lui de la poser.

4. Donne-lui la seconde boîte en la portant comme si elle était lourde, et en lui disant « attention celle-ci est plus lourde ».

Quelle est sa réaction ?

3. L'explication

Quand on passe la seconde boîte, la personne se prépare à recevoir quelque chose de plus lourd. On peut le remarquer dans son attitude physique : elle se prépare à porter du poids. En prenant la boîte deux réactions sont possibles. Soit elle s'attendait à quelque chose de si lourd qu'elle va la trouver très légère (peut-être même plus que la première). Ou alors, si on a été convaincant, elle va la trouver plus lourde que la première. Dans les deux cas elle va être influencée par ce que tu as dit et par les attitudes physiques.

4. L'application

Ce que l'on nous dit et ce que l'on voit permettent de nous faire une idée des choses avant même d'être réellement en contact avec elles. Ces idées que l'on se fait se nomment des représentations. Elles influencent beaucoup la façon dont on va se comporter. C'est le cas lorsqu'on nous présente un contrôle scolaire. Si l'enseignant annonce quelque chose de très difficile on ne va pas se préparer de la même façon que si cela est présenté comme facile. Certains peuvent être découragés à l'avance car ils se représentent ce contrôle comme quelque chose d'insurmontable, d'autres vont être motivés par la difficulté pour réviser plus intensément.

Pour faire un bon chocolat au lait

Comment le chocolat au lait peut-il agir sur l'intelligence ?

1. Le matériel

- 1 feuille de papier
- des feutres de couleur
- 1 règle
- 1 verre
- 1 cuillère à soupe
- du chocolat en poudre
- du lait

1. La manipulation

SUIS LES INSTRUCTIONS DE LA LISTE SUIVANTE :

1. Lis entièrement cette liste avant d'effectuer les épreuves
2. Réunis sur la table le verre, le lait, la cuillère à soupe et le chocolat en poudre
3. Dessine sur une feuille un carré rouge de 8 centimètres de côté
4. Pose le verre au centre du carré et marque son contour avec un feutre autre que rouge
5. Verse du lait dans le verre et ajoute une ou deux cuillerées de chocolat en poudre
6. Remue le mélange dans le sens inverse des aiguilles d'une montre
7. Bois le mélange en fermant les yeux
8. Dessine autour du carré ce que t'inspire cette boisson
9. N'exécute aucune épreuve
10. Relis la première ligne de cette liste

Que penses-tu de tout ceci ?

2. L'explication

Cette expérience est très efficace pour vérifier si on est attentif et surtout si on respecte les consignes. Le carré rouge est inutile. Remuer son chocolat dans le sens inverse des aiguilles d'une montre n'améliore pas son goût.
En résumé cette liste d'épreuve est une farce (à refaire pour tester des amis). En effet ceux qui viennent de déguster un excellent chocolat au lait se sont lancés dans l'action sans respecter la première ligne. S'ils l'avaient fait, la lecture de la ligne 9 leur aurait indiqué que cette série d'épreuves ne devait pas être réalisée.

Ceux qui n'ont pas bu de chocolat au lait peuvent s'en préparer un maintenant !

3. L'application

Il y a plusieurs façons de faire un puzzle. On peut étaler toutes les pièces et commencer à les assembler un petit peu au hasard. Si le puzzle est simple cela peut aller vite surtout si on dispose du modèle. Mais pour un puzzle plus compliqué, on se retrouve rapidement bloqué avec de nombreux petits ensembles de pièces qu'on ne sait où placer. Par contre, on peut aussi commencer par trier les pièces : celles qui vont sur les côtés ou aux coins, celles qui représentent le ciel...
Alors la reconstitution s'en trouve simplifiée.
La préparation n'est pas une perte mais un gain de temps. On peut appliquer la même règle pour résoudre des problèmes. En général, les énoncés ne sont pas construits pour piéger ceux qui ont à les résoudre. Par contre il arrive qu'on se piège soi-même en voulant aller trop vite. Le temps qu'on prend pour lire les informations qu'on nous donne n'est pas perdu mais gagné pour la suite.

Une médiathèque dans la tête

Comment les souvenirs sont-ils stockés dans le cerveau ?

1. La manipulation

1. Regarde bien ces objets et leur nom.
dictionnaire, souris, effaceur, fèces, félin, vaisselle, maillot, récipient.

2. Cache les dessins et retrouve dans la liste de la dernière page de cette expérience les objets que tu viens de regarder.

2. L'explication

Pour se souvenir de ces objets et de leur nom on retient le mot écrit mais aussi le dessin. Les problèmes rencontrés viennent du fait que les deux ne correspondent pas toujours très bien.

Par exemple, un mot peut faire penser à plusieurs objets : une souris peut être un sympathique petit rongeur ou encore une partie d'un ordinateur. D'autre part, une image peut représenter plusieurs mots : le dessin du maillot peut également signifier T-shirt. De plus pour représenter certains mots abstraits on est habitué à des images particulières. Par exemple, pour le mot félin les images de tigre ou de lion sont plus fréquentes que celles d'un guépard.

3. L'application

Notre cerveau mémorise différents types d'informations : des bruits, des images, des odeurs, du langage... Les souvenirs sont codés et classés dans différentes zones en fonction de leur nature. Le cerveau est comme une médiathèque où seraient rangés les souvenirs visuels sous la forme d'albums photos, les souvenirs sonores sous la forme de cassettes, les souvenirs de langage dans des livres, les odeurs dans des flacons... Quand on retient un dessin accompagné d'un mot, ils sont codés et stockés différemment mais un lien existe entre les deux. Le mot fait penser au dessin et vice versa.

Dans la liste suivante, quels sont les objets que tu as vus sur le dessin de l'expérience ? livre, loupe, guépard, T-shirt, crotte, enveloppe, couteau, gomme, ordinateur, bouteille, assiette.

Si les objets n'avaient pas de nom...

Pourquoi nos souvenirs sont-ils souvent incomplets ou modifiés ?

1. Le matériel

- 15 fiches cartonnées
- des feutres

2. La manipulation

Le jeu se joue à cinq au moins

1. **Dessine les objets suivants sur les fiches (un objet par fiche) : un téléphone rouge, une bouteille, une machine à écrire, une armoire, un crayon de couleur, une boîte de conserve, une ruche, une cheminée, une marionnette, une allumette, une selle de cheval, un arc, une boussole, un seau, un collier de perles. Tu peux inventer d'autres cartes**

2. **Le premier joueur pioche une carte et doit décrire le dessin qui s'y trouve sans jamais en prononcer le nom en chuchotant à l'oreille de son voisin. Celui-ci transmet ce qu'il a compris de la description au suivant et ainsi de suite jusqu'au dernier qui doit deviner le nom de l'objet décrit.**

Quels sont les objets les plus difficiles à trouver ?

3. L'explication

Ce jeu fait appel à plusieurs capacités dont la description, la mémorisation et la compréhension. Le premier joueur doit trouver les mots justes et précis pour décrire l'objet sans donner son nom. Les joueurs suivants devront faire preuve de mémoire pour transmettre le plus fidèlement possible la description.

Si un joueur croit reconnaître l'objet dont on lui parle, il risque de faire des interprétations et de transmettre de mauvaises informations qu'il aura rajoutées. Au contraire s'il n'a aucune idée de la nature de l'objet il aura du mal à mettre en mémoire la description. Le dernier joueur va donc devoir deviner à partir d'une description déformée avec des informations en plus ou en moins.

4. L'application

Tout ce que l'on mémorise est codé avec un code particulier selon qu'il s'agisse d'une image, d'un son, d'un mot, d'une odeur... Quand on décrit une image on la code avec des mots. Seulement, si on ne dispose que des mots sans l'image il nous manque parfois des éléments pour l'identifier. Il se passe la même chose si on essaye de reconnaître une odeur à partir d'une description. Dans notre cerveau, toutes les informations sont codées et les codes sont transmis de neurones en neurones pour être stockées. Comme dans le jeu, on peut perdre de l'information dans la transmission ou en rajouter. Le souvenir est alors incomplet ou modifié.

Les rats sont timbrés !

Pourquoi pouvons-nous apprendre plus de choses que les autres animaux ?

1. Le matériel

- *1 stylo*
- *1 double page de journal*
- *1 feuille de papier*
- *1 carte postale*
- *1 timbre usagé*

2. La manipulation

1. Écris « humain » sur la double page de papier journal, « chimpanzé » sur la feuille de papier, « petit singe » sur la carte postale et « rat » sur le timbre.

2. Dispose côte à côte les différents morceaux de papier

3. L'explication

Nous avons les mêmes structures que les autres animaux mais les nôtres sont plus développées. Le cortex est en quelque sorte l'écorce qui entoure chacun des deux hémisphères du cerveau. C'est là qu'ont lieu les phénomènes de perception mais aussi de réflexion (langage, mémoire, lecture, écriture, calcul...). Il est épais de 2 à 3 millimètres. Le nôtre est extrêmement plissé, mais, si on le dépliait, il occuperait une surface équivalente à celle de quatre pages de journal. Le cortex d'un chimpanzé recouvrirait une seule page, celui d'un petit singe une carte postale, et celui d'un rat un timbre-poste.

4. L'application

Les neurones du cerveau humain et des cerveaux des animaux sont fondamentalement les mêmes. Pourquoi sommes-nous alors plus intelligents ? Cela tient à deux choses :
- la taille de notre cortex est supérieure
- il y a plus de connexions entre nos neurones . Il y a donc plus de communications possibles dans le cerveau. Bien sûr, des animaux plus gros que l'être humain peuvent avoir un cerveau plus gros que le sien. Mais leur cerveau est la plupart du temps de grande taille à cause du nombre de nerfs qui y parviennent. Un tyrannosaure ou une baleine avaient et ont un nombre important de nerfs aboutissant ou partant de leur queue, mais si cela augmente le nombre de neurones des sens et des mouvements, cela n'augmente pas le nombre de communications entre les neurones du cerveau !

À l'aide des expériences et des jeux de ce livre, tu as pu te rendre compte que l'intelligence, c'est surtout quelque chose qui s'entraîne : ce n'est pas parce qu'on a beaucoup de connaissances qu'on est plus intelligent, l'important c'est de se servir le plus possible de ces connaissances !